천하 으뜸 나라를 만든

왕중왕 광개토대왕

글 최향미 | 그림 김형준

고구려 비밀의 문, 광개토대왕비. (시몽포토에이전시)

천하 으뜸 나라를 만든 왕 중 왕, 광개토대왕!

숱한 전쟁을 승리로 이끌며

우리 역사에서 가장 넓은 땅을 차지했던 왕.

그는 과연 어떻게 싸워 이겼으며,

그가 넓힌 우리의 옛 땅은 어디까지일까?

드넓은 제국을 호령했던 광개토대왕의

눈부신 대활약상이 숨가쁘게 펼쳐진다.

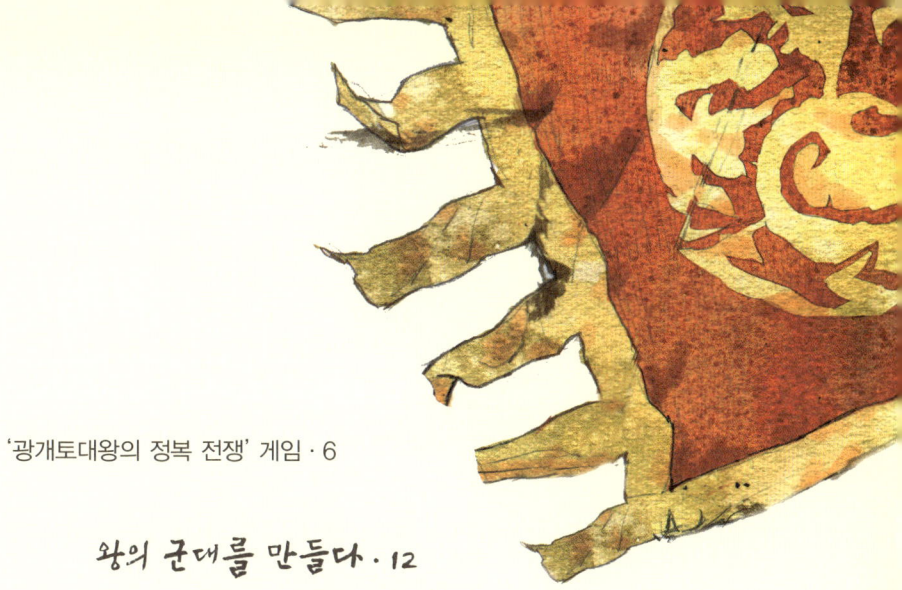

'광개토대왕의 정복 전쟁' 게임 · 6

왕의 군대를 만들다 · 12

으뜸 사냥꾼을 뽑는 사냥 대회 · 19

거란 정벌에 나서다 · 26

승리의 함성이 울려 퍼지다 · 42

만리장성을 넘어 · 49

한판 승부 · 60

◆ 고구려 비밀의 문, 광개토대왕비 · 62

'광개토대왕의 정복 전쟁' 게임

 나는 체육 시간이 너무 싫다. 멀쩡하다가도 체육 시간만 되면 땀이 삐질삐질 나고 금방이라도 쓰러질 듯 얼굴이 창백해진다. 싫다 못해 체육 시간이 무섭다.
 "우하하하. 얘들아, 한별이 좀 봐. 또 겁먹은 토끼 얼굴이야."
 승재의 놀림이 어김없이 또 시작됐다. 나는 애써 못 들은 척하며 체육복을 입으려고 옷을 벗었다.
 "헤헤헤, 웃겨. 삐쩍 마른 갈비씨, 그 몸으로 옷을 벗으면 어떡해? 남들 눈도 있는데 창피하지도 않아? 벗으려면 나 정도는 돼야지."
 친구들이 한꺼번에 웃음보를 터트렸다. 얼굴이 새빨개진 나는 쥐구멍에라도 숨고 싶은 심정이었다.
 "승재, 너 참 못됐구나. 한별이 몸이 어때서? 난 미련하게 덩치 큰 너보단 한별이가 훨씬 귀엽고 멋지더라."
 반에서 가장 예쁘고 인기가 많은 윤아다. 윤아는 승재가 나를 괴롭힐 때마다 내 편이 돼 주는 구세주다. 승재는 기세등등하다가도 윤아가 한마디 하면 금방 풀이 죽는다. 왜냐하면 윤아를 좋아하기 때문이다.
 "치이, 만날 한별이 편만 들고. 윤아 너도 미워!"
 승재는 얼굴을 붉히며 운동장으로 뛰쳐나갔다. 승재가 나만 유독 많이 괴롭히는 것은 윤아가 나한테 잘해 주기 때문에 질투가 나서일 것이다.

"한별아, 어서 나가자. 우리가 꼴찌야."

미적거리던 나는 윤아의 재촉에 마지못해 운동장으로 갔다.

"자, 다들 모였지? 오늘은 남자, 여자 구분 없이 백 미터 달리기 경주를 하겠다."

체육 선생님 말에 내 얼굴은 새하얘졌다. 달리기 경주 때마다 나는 늘 꼴찌를 도맡아 했기 때문이다. 달리기 차례가 다가올수록 머리가 어지러질하고 하늘이 노랬다.

드디어 차례가 왔다. 그런데 출발선에서 체육 선생님의 출발 신호를 기다리고 있던 나는 그만 정신을 잃고 말았다.

"한별아, 이제 정신이 들어?"

"어, 윤아야. 여기가 어디야?"

"양호실이야. 체육 시간에 갑자기 쓰러졌잖아. 기억 안 나?"

나는 한숨을 푹 내쉬었다.

"웬 한숨이야?"

"애들이 날 어떻게 생각할까 싶어서. 나보고 한심한 놈이라고 비웃겠지, 그치?"

"너도 참, 애들이 걱정을 하면 했지 비웃긴 왜 비웃겠어?"

"그냥, 그런 생각이 들어."

"그런 생각 마. 만약 비웃는 애들이 있다면 내가 혼내 줄게."

나는 그런 윤아가 너무 고마웠다.

"자, 이제 정신 차렸으니깐 교실로 가자. 종례 시간에 늦겠다."
교실로 들어서자 선생님과 친구들 눈이 한꺼번에 나한테로 쏠렸다.
"한별아, 괜찮아?"
"네, 선생님."
"괜찮다니, 다행이구나. 오늘 종례는 이것으로 끝이다."
친구들이 비웃을 것만 같아 고개를 숙인 채 서둘러 책가방을 챙기고 있는데, 승재가 실실 웃으며 다가왔다. 승재가 그냥 넘어갈 리가 없었다.
"야, 한별. 갈비씨인 줄로만 알았더니 픽픽 잘도 쓰러지는 비실이더라. 지금부터 갈비씨 대신 비실이로 불러야겠어. 비실비실 비실이. 좋지?"
나는 얼굴이 새빨개진 채 아무 말도 하지 않았다.
"어쭈, 대답 안 해? 야, 비실아."
나는 승재의 말을 못 들은 척 무시하고 가방을 들고 복도로 뛰어나왔다.
"너, 비실이, 거기 안 서?"
그러더니 어느새 승재가 뒤따라와서는 내 발을 걸었다.
"헉, 아앗!"
그 바람에 넘어지면서 책가방에서 책과 공책, 필통이 쏟아져 나왔다.
"오호, 이것 봐라. 필통 좋은데."

승재는 내 필통을 집어 들었다.
"안 돼. 이리 줘. 그건 아빠가 내 생일 선물로 사 주신 거란 말이야."
"생일 선물? 이렇게 좋은 필통은 너한테 안 어울려. 이 필통은 내가 가질게. 그럼 난 간다. 안녕, 비실이."
나는 너무 분하고 억울해 눈물이 핑 돌았다. 집에 들어오자마자 가방부터 냅다 던졌다. 승재에 대한 분풀이였다. 그것도 모자라 방문을 발로 뻥 찼다. 그러곤 문을 세게 "꽝!" 하고 닫아 버렸다. 속은 좀 시원했다. 대신 엄마의 날벼락이 떨어졌다.
"아니, 쟤가 무슨 짓이야? 너 혼날래?"
못된 짓이란 건 알지만 할 수 없다. 너무 화가 나니깐. 화가 날 땐 뭐니 뭐니 해도 컴퓨터 온라인 게임이 최고다. 온라인 게임에 접속해 악당들을 다 무찌르고 나면 승재를 혼내 준 것처럼 속이 후련하다.
요즘 내가 푹 빠져 있는 게임은 역사 속 인물이 되어 맡은 임무를 수행하는 롤플레잉 게임이다. 시뮬레이션이 실제처럼 실감나서 게임을 하다 보면 어느새 내가 진짜 역사 속 인물이 된 듯한 착각을 하게 된다.
오늘은 광개토대왕의 정복 전쟁 게임을 하기로 마음먹었다. 컴퓨터 앞에 앉아 심호흡을 한 번 하고 온라인 게임에 접속했다. 어떤 흥미진진한 세상이 펼쳐질지 벌써부터 가슴이 두근거렸다.

대제국 고구려의 숨결이 살아 숨쉬는 역사의 현장!

중국 지린성 지안시에 있는 국내성은 고구려의 두 번째 도읍지다. 2대 유리왕 때 졸본성에서 국내성으로 옮긴 뒤, 19대 광개토대왕 때까지 고구려 전체 역사 705년 가운데 3분의 2에 해당하는 464년 동안 고구려의 수도였다. 지금 국내성의 성벽은 거의 무너져 버리고 일부만 겨우 남아 있을 뿐이다.(시몽포토에이전시)

왕의 군대를 만들다

때는 바야흐로 서기 4세기, 고구려의 북방인 중국 대륙에는 다섯 종족들이 16개의 나라를 세우고 흥망성쇠를 거듭하며 중국의 패권을 차지하려고 다투고 있었다. 곳곳에서 반란이 일어나고 피비린내 나는 전쟁이 끊이지 않는 이른바 5호 16국 시대. 그야말로 혼란의 시대, 난세의 시대였다. 이때 고구려에는 위대한 영웅이 탄생했으니 그가 바로 광개토대왕이다.

광개토대왕과 독대를 하고 집에 돌아온 대대로는 화가 머리끝까지 치밀어 올랐다. 귀족의 대표이자 고구려 으뜸 벼슬을 맡고 있는 대대로는 하늘을 찌를 듯한 권세를 가진 자라 왕조차도 대대로의 말을 쉽게 무시하지 못했다. 그런데 광개토대왕이 즉위한 뒤로는 사정이 달랐다.

'에잇, 이제 갓 스무 살을 넘긴 애송이 주제에, 왕이라고 감히 대대로

인 나를 무시해?'

오늘 낮에 광개토대왕은 대대로를 조용히 부르더니 그동안 귀족들 눈치를 보느라 역대 어느 왕도 꺼내지 못한 말을 불쑥 내뱉었던 것이다.

귀족들의 세력 기반인 사병을 해체하라는 것이었다. 대체 그게 가당키나 한 말인가? 대대로는 생각하면 할수록 분통이 터졌다. 주장을 굽히지 않고 반대를 해 보았건만 광개토대왕은 들은 척도 하지 않았다. 오히려 왕권에 도전하는 것이냐며 으름장까지 놓았다.

일단은 귀족 회의에서 결정하겠다며 최종 결정은 미뤄 놓았지만, 아무래도 왕의 결정을 꺾기는 무리일 듯싶었다. 요즘 들어서 광개토대왕은 공개 석상에서 대대로의 의견을 번번이 무시했다. 이러다 다른 귀족들조차도 자신을 우습게 보지나 않을까 내심 걱정이 앞섰다.

다음 날 느닷없이 귀족 회의가 소집되자 대대로는 당황했다. 왕의 뜻을 꺾을 묘책은커녕 사병 해체 소식조차 가까운 귀족들한테 알리지도 못했는데 귀족 회의가 소집됐기 때문이다.

"대대로께서는 무슨 근심이라도 있는 게요?"

곁에 앉아 있던 태대형이 물었다. 태대형은 고구려 군사를 총지휘하는 군사 책임자로서 광개토대왕의 두터운 신임을 받고 있는 인물이었다. 사병을 해체하려는 광개토대왕의 생각을 그도 모르고 있는 모양이었다. 귀족 가운데 사병을 가장 많이 보유한 만큼 그도 왕의 결정이 달갑지는 않을 것이다. 그가 어떤 반응을 보일지 대대로는 자못 궁금했다.

"내가 왜 이러는지 좀 있으면 다 알게 될 것이오."

그때 광개토대왕이 회의장에 나타났다. 스무 살을 갓 넘긴 광개토대왕은 키가 크고 몸집이 좋을 뿐 아니라 얼굴도 매우 잘생겼다. 평소에는 귀공자처럼 부드러워 보이는 인상이지만, 어떤 일을 추진해 나갈 때에는 함부로 범접할 수 없는 그만의 위엄이 있었다.

"짐은 오랜 심사숙고 끝에 마침내 결심을 했다. 오늘 이 순간부터 모든 사병들을 즉각 해체하도록 하라."

광개토대왕의 갑작스런 말에 대신들은 모두 놀라서 웅성거렸다.

하지만 단호한 광개토대왕의 명령에 아무도 반대하고 나서지 못했다. 대신 귀족들은 대대로의 눈치만 보고 있었다. 할 수 없이 대대로가 말문을 열었다.

"폐하. 귀족들은 사병 해체를 원치 않습니다. 명을 거둬 주시옵소서."

"그 까닭을 말하라."

"사병을 해체하면 병사들은 하루아침에 먹고살 일자리를 잃게 됩니다. 일자리를 잃은 그 많은 병사들을 어찌할 생각이십니까?"

"그건 걱정 마라. 왕의 직속 군대인 왕당을 설치할 것이다. 귀족들이 사병을 해체하면 병사들을 왕당에 배치할 것이다."

귀족들의 웅성거림은 더욱 커졌다. 하지만 그것도 잠시 광개토대왕이 눈을 치켜뜨자 금세 잠잠해졌다. 대대로가 또 나섰다.

"폐하, 하지만 그 많은 병사들을 나라에서 어찌 다 관리하옵니까? 무리이옵니다."

"그런 걱정은 마라. 귀족들은 그동안 사병들한테 들인 돈을 세금으로 내면 된다. 귀족들이 내는 세금으로 군사들을 돌볼 것이다. 지금 북방에는 여러 이민족들이 서로 세력을 과시하며 수시로 출몰해 백성들을 괴롭히고 있다. 군사력이 어느 때보다 더욱 필요하다. 그런데 많은 군사들이 귀족들의 사병으로 매여 있어서 군사를 모으는 데 어려움이 컸다. 이는 짐이 전쟁터를 누비며 절실하게 느꼈던 점이다.

그래서 이참에 사병을 해체하고 왕의 직속 부대인 왕당을 만들려고 하는 것이다."

대대로는 쉽게 물러서지 않았다.

"폐하, 그렇다면 태대형의 생각은 어떠한지 들어 봄이 어떨는지요?"

"흐음. 그래? 좋다. 태대형, 그대의 생각을 말하라."

대대로와 대신들은 모두 태대형을 주시했다.

"폐하. 폐하의 깊은 뜻을 미처 헤아리지 못한 소장을 용서해 주시옵소서. 당장 제 수하의 사병들을 해체해 왕당에 편입하도록 하겠습니다."

"들었느냐? 짐은 대대로가 솔선수범해 주길 바랐거늘 실망이 매우 크다. 앞으로 이 일은 태대형이 총책임자가 되어 처리해 주길 바란다."

사병 해체는 그렇게 결정이 났다.

그날 밤 광개토대왕의 결정에 불만을 품은 귀족들이 대대로의 집에 모였다.

"조상 대대로 거느려 온 사병을 하루아침에 빼앗다니, 정말 기가 막힐 노릇이오."

"나이가 어리다고 우리가 왕을 너무 쉽게 생각했던 것 같소."

"대대로, 무슨 방책이 없겠소?"

대대로는 눈을 감은 채 침묵하고 있었다.

"왕 앞에서 한마디도 못한 우리가 너무 비겁했소. 이제 대대로가 하라는 대로 할 테니 그만 화를 푸시오."

그제야 대대로는 입을 열었다.

"흐음. 그렇다면 내 생각을 말해 보리다. 왕은 조만간 대군을 이끌고 전쟁터에 나설 것이 분명하오. 그렇게 되면 국내 정사는 우리가 돌보게 될 것이오. 그때를 이용해 백성들이 광개토대왕에게서 돌아서게 만듭시다. 왕의 자리는 민심에 따라 좌우되는 것이오. 내 말이 무슨 뜻인지 알겠소?"

"그럼 이제부터 우리가 어찌하면 되겠소?"

"먼저 왕당에 배치될 사병들 가운데 심복을 골라 군사들이 부질없는 전쟁을 하고 있다는 생각을 갖게 선동하도록 하시오. 그리고 우리는 백성들이 전쟁 때문에 먹고살기가 힘들다는 생각을 갖도록 만듭시다. 그런 다음 광개토대왕이 백성들은 안중에도 없는 피도 눈물도 없는 전쟁광이라고 몰아붙입시다. 그렇게 해서 민심이 돌아서면 우리 뜻대로 움직일 수 있는 사람을 왕으로 앉히면 될 것이오."

대대로를 중심으로 왕을 바꾸려는 음모가 일사천리로 착착 진행되고 있었다.

역사스페셜박물관

여봐라!

광개토대왕비

고구려의 19대 왕으로 우리 역사상 가장 영토를 넓힌 왕인 광개토대왕의 생애와 업적을 기록해 놓은 광개토대왕 비문이다. 광개토대왕 비문은 현재 전하는 기록 가운데 가장 오래된 것이다. 비문의 내용은 크게 세 부분으로 나누어져 있는데, 첫머리엔 고구려의 건국 신화를, 그다음엔 광개토대왕의 정복 전쟁을, 마지막엔 광개토대왕의 묘를 누가 어떻게 관리할 것인가를 기록하고 있다. 왕의 직속 부대인 '왕당'도 광개토대왕 비문을 바탕으로 알 수 있다. 광개토대왕비는 고구려 사람들이 직접 보고 겪은 일을 기록한 매우 소중한 기록이다. (국립중앙박물관)

광개토대왕릉

한변의 길이가 자그마치 66미터에 이르는 정사각형 모양의 이 거대한 계단식 돌무덤은 18세에 왕위에 올라 39세에 세상을 떠나기 전까지 끊임없이 영토를 넓혀 나간 광개토대왕의 무덤이다. 2004년 중국은 광개토대왕릉을 비롯한 고구려 유적을 자신들의 세계 문화유산으로 올려 놓았다.

(시몽포토에이전시)

으뜸 사냥꾼을 뽑는 사냥 대회

광개토대왕은 왕의 직속 부대인 왕당 창당 기념으로 사냥 대회를 열었다. 사냥 대회는 고구려의 전통 잔치다. 집집마다 식솔들과 친지들이 함께 사냥 대회가 열리는 낙랑 언덕으로 향했다. 낙랑 언덕으로 가는 길목마다 음악의 향연이 벌어졌다. 음악 연주자들은 솜씨를 맘껏 자랑하며 축제 분위기를 돋우었다. 사냥 대회에는 귀족은 물론 평민들까지 모두 참가할 수 있었다. 신분에 관계없이 말 타는 솜씨와 활 쏘는 솜씨를 겨루고 두각을 드러낸 사람은 포상으로 벼슬길에 올랐다. 고구려의 사냥 대회는 장수를 발탁하는 등용문이자 군사 훈련장이었다.

이번 사냥 대회엔 왕당에 속한 군사들도 대거 참가하여 낙랑 언덕에는 멀리서도 한눈에 보이는 '왕당'이라는 글자가 쓰인 거대한 깃발이 나부꼈다. 깃발 아래에는 오늘 사냥 대회의 주인인 왕당 군사들이 도열해 있었다.

　북이 둥둥 울리자 장군들의 호위를 받으며 휘황찬란한 황금 장식의 철갑옷을 입은 광개토대왕이 연단에 올랐다.
　"오늘은 더없이 기쁜 날이다. 귀족들의 후원으로 왕당 부대가 설립됐기 때문이다. 기존의 관군과 왕당군이 짐의 양 날개가 되어 고구려의 영광스러운 날을 열어 갈 것이다."
　하늘을 찌를 듯한 군사들의 함성이 낙랑 언덕을 흔들었다.
　"오늘 사냥 대회에서는 왕당을 지휘할 장수를 뽑을 것이다. 사냥 대회에 참가할 군사들은 자신의 기량을 맘껏 펼쳐 보아라."
　사냥 대회를 알리는 뿔나팔이 울렸다. 먼저 대회 참가 군사들은 묘기를 선보였다. 말을 타고 달리다 돌아앉아 활쏘기, 달리는 말 위에 올라서서 활쏘기, 빠른 속도로 달리다 다른 말로 갈아타며 활쏘기 같은 놀라운 실력이 발휘될 때마다 구경꾼들이 박수와 탄성을 자아냈다.

다음은 대회의 꽃인 사냥감 쫓기다. 왕당 군사들 가운데서도 으뜸 실력자가 여기서 가려진다. 참가 군사들은 말을 타고 험악한 산비탈과 골짜기를 누비며 사냥감을 쫓았다. 말 타는 솜씨와 활 쏘는 솜씨를 한꺼번에 볼 수 있는 것이 바로 사냥감 쫓기다. 사냥에서 짐승을 잡는 것은 실전에서 적을 잡는 것과 큰 차이가 없는 군사 훈련이기도 하다.

드디어 사냥이 끝나고 군사들은 자신이 포획한 사냥감을 앞에 놓고 심사 결과를 기다렸다. 광개토대왕은 으뜸 사냥꾼을 뽑았다. 으뜸 사냥꾼, 그들이 바로 왕의 친위 부대 왕당을 이끌 주역들인 것이다. 왕당의 지휘 체계와 질서가 잡히자 광개토대왕은 귀족 회의를 열었다.

"대신들의 협조로 고구려는 어느 때보다 강력한 군사력을 갖게 됐다. 짐은 군사를 이끌고 변방에 들끓는 외적들을 물리치러 갈 것이다."

음모를 꾸미고 있던 대대로와 그 측근들은 속으로 쾌재를 불렀다.

"폐하, 어디를 칠 생각이십니까?"

속마음을 숨기고 대대로가 짐짓 걱정스러운 듯 말했다.

"요하 너머 내몽고 초원 지대의 거란을 정벌할 것이다."

거란은 후연 너머에 있는 나라로 지금 당장은 고구려에 큰 위협이 되지 않는 나라가 아닌가? 남쪽에서는 백제가 수시로 고구려의 영토를 위협하고 있고, 북쪽에는 후연이 강력하게 힘을 키우며 호시탐탐 고구려를 넘보고 있는데 거란이라니, 쉽게 헤아리기 어려웠다. 대대로는 광개토대왕을 이해할 수 없었지만 어디가 됐건 왕이 출정하면 그만이라고 생각했다. 대대로는 측근들한테 은밀히 신호를 보냈다. 그러자 측근들은 광개토대왕의 출정을 반대하고 나섰다.

"폐하, 백제와 후연을 놔두고 왜 하필 거란이옵니까? 괜히 적을 하나 더 만드는 결과만 가져올 것이옵니다."

"폐하, 그렇지 않아도 전쟁이 끊이지 않는데 또다시 전쟁을 일으키려

하시옵니까? 뜻을 거두어 주시옵소서."

속마음을 숨긴 채 대대로와 그 측근들은 전쟁을 결사반대하고 나섰다. 그러자 광개토대왕이 자리에서 벌떡 일어났다. 회의장은 한순간 찬물을 끼얹은 듯 조용해졌다.

"답답하도다. 어찌 그리 짐의 뜻을 헤아리지 못하는가? 후연은 중국 대륙의 최강자로 떠오르고 있다. 동방의 패권을 가리려면 언젠가는 후연과 맞붙을 각오를 해야 할 것이다. 그런 후연의 배후에는 거란이 자리하고 있다. 먼저 거란을 쳐서 우리 손아귀에 넣은 다음, 위와 아래에서 후연을 압박해 들어간다면 아무리 강력한 후연이라 하더라도 고전을 면키 어려울 것이다. 짐은 그것을 노리는 것이다."

이번에는 대대로가 나섰다.

"폐하, 그렇게 깊은 뜻이 있으신 줄 미처 몰랐습니다. 국내 정사는 저희한테 맡기시고 뜻하신 대로 출정을 서두르시옵소서."

"흐음, 대대로가 어쩐 일인가? 그렇게 순순히 짐의 뜻에 따르고자 하다니."

대대로는 광개토대왕한테 자신의 속마음을 들킨 것만 같아 얼굴이 붉어졌다.

"다른 대신들의 생각은 어떤가?"

"폐하, 소인들이 폐하의 깊은 뜻을 미처 헤아리지 못했습니다. 그렇다면 당연히 출정하시옵소서."

"흠. 대신들의 반대가 심할 거라 생각했는데, 잘됐군. 짐이 없는 동안 짐의 빈자리를 맡아 줄 사람이 필요하다."

서열상 왕의 빈자리를 대신할 사람은 대대로다. 대대로는 광개토대왕이 당연히 자신을 지명할 것이라 생각했다.

"장인이신 태대사자께서 짐의 빈자리를 맡아 주시오."

"망극하옵니다. 폐하."

그 말이 떨어지자마자 대대로의 얼굴은 붉으락푸르락 말이 아니었다. 그러자 대대로의 측근 귀족들이 반발하고 나섰다.

"폐하, 어찌 귀족의 대표인 대대로를 건너뛰고 태대사자한테 정사를 맡기려 하시옵니까? 정사는 당연히 대대로가 맡는 것이 옳은 줄로 아옵니다."

"무슨 소린가? 서열로 치면 대대로가 태대사자보다 앞서지만 연륜으로 본다면 대신들 가운데 태대사자가 가장 높은 어른이다. 짐은 연륜을 중시해 태대사자한테 정사를 맡기려 한다. 대대로는 짐의 뜻을 어찌 생각하는가?"

대대로는 마지못해 광개토대왕의 뜻에 따랐다.

"폐하의 뜻이 옳으시옵니다."

대대로는 마음속으로 오늘의 치욕을 안겨 준 광개토대왕한테 반드시 앙갚음하리라 다짐했다.

역사스페셜박물관

기마 궁술 대회
평양시 덕흥리 고분 벽화(408년). 차례로 말을 달리며 활을 쏘아 화살로 과녁을 가장 많이 맞힌 사람이 이기는 놀이다. 고구려 사람들은 무를 숭상해서 고구려의 초급 교육 기관인 경당에서부터 신분에 관계없이 활쏘기를 가르쳤다고 한다. (사계절출판사)

자, 받아랏!

수박희
중국 지린성 무용총 벽화(5세기). 손으로 상대방을 공격하는 이 무술은 다른 고구려 벽화에도 자주 등장하는 무술이다. 우리의 전통 무술인 태껸과 비슷하다. 전쟁이 많았던 만큼 고구려인들은 무술 훈련을 중히 여겼던 것으로 보인다. (연합포토)

수렵도
중국 지린성 무용총 벽화. 넓은 평원에서 기마 무사가 호랑이, 사슴, 토끼 따위를 사냥하고 있는 수렵도는 고구려 무사들의 높은 기상을 잘 표현하고 있다. 고구려에서는 해마다 음력 3월 3일이면 왕이 친히 마련한 사냥 대회가 열렸다. 사냥 대회에서 두각을 보인 사람한테는 포상으로 벼슬을 내렸다. 고구려의 사냥 대회는 장수를 발탁하는 등용문이자 군사 훈련의 장이었다. (조선유적유물도감)

거란 정벌에 나서다

둥, 둥, 둥······.

북소리가 울리자 맨 앞에 선 군사들은 커다란 관군의 깃발과 왕당의 깃발을 치켜들었다. 군사들은 일사불란하게 대열을 갖췄다.

맨 앞줄에는 철갑 기병들이 자리를 잡았다. 철갑 기병들이 입은 갑옷은 생선 비늘 같은 쇳조각을 덧대 만들었다. 당시로서는 가장 가볍고 우수한 첨단 갑옷이었다. 신발은 바닥에 뾰족한 못이 잔뜩 박혀 있는 못신을 신었다. 못신은 달려드는 적군을 말 위에서 내려칠 때 무기로 쓰였다. 철갑 기병들이 주로 쓰는 무기는 장창이다. 사람 키보다 긴 창을 든 철갑 기병은 보는 것만으로도 무시무시하다. 그뿐만 아니라 철갑 기병들이 타는 말도 철갑으로 중무장했다. 철갑으로 무장한 말 위에 올라탄 철갑 기병들이 움직일 때마다 쇳조각들이 서로 부딪치며 철거덩철거덩 소리를 냈다. 귀를 찢을 듯 무시무시한 소리였다.

철갑 기병 뒤에는 장창 부대가 대열을 갖추었다. 장창 부대는 상대편 기병의 돌격을 막는 부대다. 장창 부대는 싸울 때 창을 높이 세워 들고 서로 촘촘하게 몸을 붙어 선다. 그 모양은 마치 날카로운 가시를 세운 고슴도치 같다. 장창 부대가 만드는 밀집 방어벽은 그것만으로도 무서운 무기가 된다. 적의 기병이 공격해 올 때 장창 부대가 순식간에 밀집 방어벽을 세우면 적의 말들이 멈추지 못하고 창에 찔려 요동을 친다. 적의 기병들이 말에서 떨어지는 것은 말할 것도 없다.

그다음은 육박전 부대인 도끼 부대와 칼 부대가 기세등등하게 버티고 섰다. 옛날 전쟁은 지금과 달라서 먼저 먼 거리에서 화살을 날린 다음, 기병대가 기습으로 공격하여 먼저 기선을 제압한다. 그러고 나면 그 뒤처리는 육박전 부대인 도끼 부대와 칼 부대가 맡는다.

부대의 맨 뒤에는 어깨에 활을 메고 허리엔 화살 통을 찬 궁수 부대가 자리 잡았다. 궁수 부대는 공격 때는 아군을 엄호하고, 수비 때는 돌진해 오는 적군을 공격하는 임무를 맡는다. 보병과 기병은 양군이 접근하기 전까지는 적에게 별다른 타격을 주지 못한다. 반면에 궁수 부대는 적에게 접근하지 않고도 화살을 쏘아 공격할 수 있다.

전투 대열 뒤에는 군수 물자를 실은 수레가 수백 대에 이르렀다. 아무리 울퉁불퉁하고 험한 길이라도 바퀴가 잘 빠지지 않는 튼튼한 쇠바퀴 수레다. 철갑이 부딪히는 소리와 쇠바퀴가 움직이는 소리가 모아져 천둥 같은 소리가 사방을 뒤흔들었다.

군사들의 출정 행렬이 모두 갖추어지자 뿔 나팔이 울었다. 이어 황금으로 장식한 철갑옷을 입은 광개토대왕이 백마를 타고 대열의 맨 앞에 섰다. 그 뒤에는 고구려군의 총사령관인 태대형과 각 부대의 늠름한 지휘관들이 뒤따랐다. 다시 둥둥 북소리가 울리자 광개토대왕의 우렁찬 목소리가 울려 퍼졌다.

"이제 우리는 초원의 거란족을 정벌하러 떠난다. 적들은 먼 서북방 변방의 힘없는 고구려 백성들을 괴롭히고 약탈을 일삼아 온 무리다. 짐은 이번에 고구려 백성들을 괴롭히는 적들을 물리쳐 고구려가 천하제일임을 세상에 널리 알리고자 한다."

그 말에 군사들과 백성들의 함성이 메아리쳤다. 둥둥 북소리에 맞춰 고구려군은 무기를 높이 들고 힘차게 행군했다.

광개토대왕이 이끄는 고구려군은 만주 벌판을 달려 요하를 건넜다. 이때까지만 해도 대체로 원정 길이 순탄했다. 하지만 요하를 건너고서부터 광개토대왕과 고구려군은 말할 수 없는 시련을 겪어야만 했다. 몇 날 며칠을 달려도 눈에 보이는 거라곤 허허벌판뿐이었다. 따가운 땡볕에 마시는 물은 누런 흙탕물인 데다 짜고 비리기까지 했다. 군사들은 한없이 지쳐 가고 있었다.

한편, 대대로의 집에서는 모의가 벌어지고 있었다.

"광개토대왕의 장인인 태대사자 때문에 도대체 아무 일도 할 수 없으니, 나 원, 참."

"흐흐흐, 걱정들 마시오. 우리한텐 소금이 있지 않소."

대대로가 음흉하게 웃으며 말했다.

"소금이라뇨?"

"소금을 만드는 염전의 주인이 누구요?"

"그야 여기 모인 우리가 거의 다 염전을 나눠 갖고 있지요."

"그렇소. 우리가 가지고 있는 염전을 막아 버리면 시장엔 금세 소금이 동이 날 것이오. 가장 짧은 시간에 백성들을 곤경에 빠트려 아우성치게 만들 수 있는 것은 바로 소금 유통을 끊어 버리는 것이오."

"그렇긴 하지만 염전을 막으면 우리한테 그 원망이 바로 돌아오지 않겠소?"

"흐흐흐. 군수 물자를 대느라 소금을 모두 탕진했다고 하면 그만이오. 그런 다음 아무도 염전에 들어가지 못하게 막아 버리면 누가 알겠소? 그러면 백성들은 모두 광개토대왕을 원망할 것이오. 그때를 놓치지 말고 우리는 소문만 퍼뜨리면 되는 것이오. 민심이 돌아서는 것은 이제 시간문제지요."

"과연 천하의 대대로다운 생각이시오."

"그러게 말이오. 하하하."

고구려의 수도 국내성에서 이렇게 광개토대왕을 몰아낼 음모가 은밀히 꾸며지고 있을 때, 거란 정벌에 나선 광개토대왕과 고구려군은 지옥 같은 벌판에서 더 큰 시련을 맞고 있었다. 폭우가 내려 강물이 범람해 벌판이 온통 진흙탕으로 바뀌어 무릎까지 푹푹 빠졌다. 발을 떼기조차 힘든 진흙 벌판에서 광개토대왕과 고구려군은 말 그대로 사투를 벌여야 했다.

진흙 벌판을 겨우 벗어나자 또다시 황량한 벌판이 펼쳐졌다. 지긋지긋한 벌판이었다. 군사들은 힘이 빠질 대로 빠져 기진맥진할 지경이었다. 적진까지는 아직도 갈 길이 먼데, 한 치 앞을 알 수 없는 낯선 길에서 광개토대왕은 그저 막막할 뿐이었다.

"폐하, 안색이 안 좋습니다."

태대형이었다. 그는 생과 사를 넘나드는 전쟁터에서 잔뼈가 굵은 사람이었다.

"괜찮다. 조금 피곤할 뿐이다."

"폐하. 본디 보이는 적보다 안 보이는 적과 싸우는 것이 더 힘들게 마련입니다. 이 지긋지긋한 진창도 거의 다 빠져나온 듯합니다. 이제 적진에 진을 치고 있을 보이는 적과의 싸움은 한결 수월할 것입니다."

"과연 그럴까?"

그때였다. 끝나지 않을 것 같던 벌판 저쪽에 울창한 산이 솟아 있는 것이 보였다. 군사들이 탄성을 질렀다.

"우아! 산이다, 산!"
"폭포와 계곡에서 흘러내리는 물소리도 들려. 이야! 이제 살았다, 살았어. 하하하."
오랜만에 터져 나온 군사들의 웃음소리였다.
"태대형. 이곳에서 진창이 끝나고 산이 나온다는 걸 어떻게 알았나?"
"처음 오는 길인데 소인인들 어찌 알았겠습니까? 다만 고생 뒤에 낙이 오고, 나쁜 일이 있으면 좋은 일이 있게 마련이라는 인생의 순리를 믿은 게지요."
"하하하. 태대형은 전쟁을 겪으며 득도를 한 게로군. 어쨌든 울창한 산을 만나니 정말 반갑구나. 이 산에 이름을 하나 붙여 줘야겠다. 숲이 울창하니까 부유한 산, 부산이라고 하겠다. 부산에서 며칠 쉬어 가자. 자, 군사들을 편히 쉬게 하라."
"네, 폐하."

금방 쓰러질 것 같았던 군사들은 산과 계곡을 만나자 다시 생기를 얻었다. 시원한 그늘에는 군사들이 쉴 막사가 지어졌다. 막사에서 중무장을 벗은 군사들은 날아갈 것 같았다.

"후유, 이제야 살 것 같네그려."

"벌판이 아니라 우리가 생지옥을 건너온 것이야."

"말도 마. 마치 미로에 빠져 같은 곳을 자꾸 맴돌고 있는 기분이었지 뭔가."

그때 한 병사가 끼어들며 불평스레 말했다.

"여보게들, 우리가 왜 이 고생을 해야 하는가? 우리가 계속 귀족들의 사병으로 있었다면 이런 전쟁에는 끌려 나오지 않았을 것일세."

"아니, 이 사람이 누가 들으면 어쩌려고 그런 소리를 해?"

"뭐, 내가 틀린 소리를 했나?"

"몸이 편한 걸로 치자면 지금보다 사병으로 있을 때가 편하지. 하지만 마음은 지금이 훨씬 편해. 귀족들은 우리를 거의 짐짝 취급했잖아?"

"맞아. 광개토대왕은 우리를 아주 소중히 여기시잖아."

"그건 다 우리를 전쟁터에 묶어 두려는 수작이야. 이러다 우린 평생 전쟁만 하다가 죽을걸."

"이 사람아, 자네 죽으려고 환장을 했나?"

바로 그때 날벼락 같은 호통이 떨어졌다. 왕당을 이끄는 장군이었다.

"네 이놈들. 지금 어디서 역적모의를 하고 있는 게냐? 여봐라, 이놈들을 당장 끌어내어라."

"아이고, 장군님. 살려 주십시오. 저희는 그저 듣고 있었던 죄밖에 없습니다. 이놈이, 이놈이 우리를 죽이려고 작정을 하고 허튼 소리를 해 댔던 것입니다. 살려 주십시오."

병사들은 연신 머리를 조아리며 용서를 빌었다.

그때 마침 막사를 둘러보며 군사들을 격려하고 있던 광개토대왕이 나타났다.

"웬 소란이냐?"

"폐하, 아뢰옵기 송구스럽습니다."

"어서 말해 보아라."

"이들이 모여 앉아 지금까지 불만을 토로하다가 마침내 폐하를 원망하고 있기에 벌을 내리려던 참이었습니다."

끌려 나온 군사들은 사색이 된 채 벌벌 떨고 있었다.

"흐음. 그간 죽도록 고생을 했는데 불만이 없으면 어찌 사람이라 하겠느냐? 그만 용서하여 주어라. 하지만 명심하여라. 이 산을 넘으면 중요한 전쟁이 우리를 기다리고 있으니, 이제부터 원망은 다 버리고 전쟁에 이길 생각만 하여라. 너희는 바로 짐의 직속 부대인 왕당이 아니더냐? 사사로운 자들이 아니라는 점 가슴 깊이 새겨야 한다."

"폐하, 죽을 죄를 지은 비천한 저희한테 은혜를 베풀어 주시니 성은이 망극하옵니다. 흑흑흑."

"허허, 너희는 비천한 자들이 아니라 짐의 자랑스러운 군사들이라고 말하지 않았느냐. 됐다. 이제 다들 편히 쉬어라."

군사들은 광개토대왕이 무섭고 냉정하기만 한 사람이라고 생각했는데, 이렇게 따뜻한 면이 있을 줄 미처 상상하지 못했다. 대대로의 심복이었던 병사는 그런 왕을 모함한 자신이 부끄럽기만 했다.

그날 밤, 그 병사는 이런저런 생각에 잠을 못 이루고 있었다. 그런데 어디선가 '슈욱, 슈욱' 하고 바람을 가르는 소리가 들려왔다. 소리 나는 쪽으로 간 병사는 뜻밖의 광경을 보았다. 광개토대왕이 혼자 활을 쏘고 있었다. 모두 잠든 밤에 광개토대왕은 홀로 깨어 무예를 연마하고 있었던 것이다. 광개토대왕의 무예 솜씨는 그냥 얻어진 게 아니라 남보다 더 많은 노력을 한 결과였던 것이다.

군사들이 기력을 회복하자 다시 행군이 시작됐다. 이번에는 민둥산이 앞을 막아섰다. 광개토대왕은 군사들을 민둥산 앞에 모이게 했다.

"짐이 얻은 정보에 따르면 이 민둥산을 넘으면 바로 거란 진영이다.

그들은 유목민이라 기마 전투력이 막강하다. 허나 동아시아 최강의 고구려군에 비할 바는 못 될 것이다. 전력을 다해 싸워 주길 바란다."

광개토대왕의 말이 떨어지기가 무섭게 우레와 같은 함성이 터졌다. 군사들의 사기는 하늘을 찌를 듯했다.

민둥산을 넘자 강가에 진을 치고 있는 적들의 모습이 보였다. 광개토대왕이 고개를 끄덕이며 손짓을 하자 북이 둥둥 울렸다. 먼저 궁수들이 불화살을 쏘았다. 틈을 안 두고 이번에는 완전 무장한 철갑 기병들이 순식간에 적진으로 돌진했다. 적들은 대열을 갖추고 재빠르게 돌진해 오는 철갑 기병들의 상대가 되지 못했다. 적의 대열은 한순간에 말발굽에 짓밟히면서 무너지고 말았다. 철갑 기병대는 적진을 돌파하여 나갔다가 되돌아서서 뒤쪽에서부터 다시 우왕좌왕하는 적들 쪽으로 창과 칼을 휘두르며 돌진해 들어왔다.

이때 매복하고 있던 적의 기마병들도 고구려 진영으로 돌진해 오기 시작했다. 그러나 적의 기마 부대는 고구려 기병처럼 철갑옷이 아니라, 겨우 가죽 갑옷을 입고 있었다. 처음부터 적의 기병은 강력한 고구려 철갑 기병의 상대가 되지 못했다.

그런데 고구려 철갑 기병들이 적의 기병들에게 맞서지 않고 갑자기 돌아서서 고구려 진영 쪽으로 후퇴했다. 이때다 싶었던 적의 기병들은 쏜살같이 고구려 진영으로 내달려왔다. 그러자 고구려 철갑 기병들은 슬그머니 말머리를 옆쪽으로 돌렸다.

고구려 철갑 기병이 빠진 자리에는 어느새 긴 창을 든 보병들이 창을 곧추세우고 진영의 앞쪽에 촘촘히 모여 앉았다. 거란 기병이 달려오자 촘촘히 모여 앉은 고구려 창병들은 장대 같은 긴 창을 쑥 내밀었다. 달려오던 적의 말들이 멈추지 못하고 창에 찔려 요동을 치자 적의 기마병들이 무수히 말에서 굴러 떨어졌다. 이때를 놓치지 않고 칼과 도끼를 든 병사들이 우르르 달려 나가 적을 단번에 무찔렀다. 광개토대왕의 지휘에 따라 일사불란하게 움직인 고구려군의 깨끗한 승리였다.

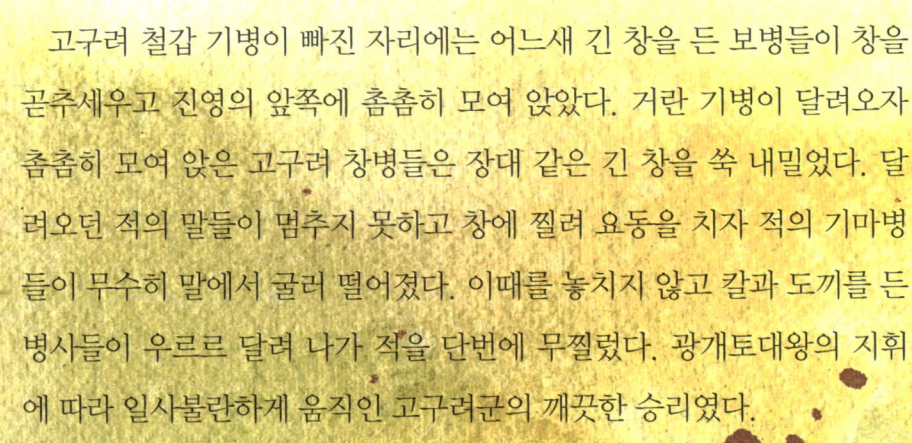

역사스페셜박물관

대행렬도

황해도 안악3호분 벽화(357년). 지금껏 알려진 고구려 벽화 가운데 가장 크다. 벽화 속에는 250명이 넘는 인물이 나온다. 고구려 벽화 가운데 등장 인물의 수가 가장 많은 벽화다. (조선유적유물도감)

갑옷으로 중무장한 말과 고구려 철갑 기병

안악3호분 벽화(357년). 고구려의 철갑옷은 비늘 철갑옷이다. 작은 쇳조각을 생선 비늘처럼 덧대 만들어 그전에 판갑으로 된 철갑옷보다 훨씬 가볍고 움직이기도 편하다. (조선유적유물도감)

어디, 맛 좀 봐라!

고구려 철갑 기병이 신었던 못신

투구와 비늘 갑옷으로 무장을 한 고구려 철갑 기병은 바닥에 뾰족한 쇠침까지 박은 못신을 신었다. 못신은 달려드는 적군을 말 위에서 내려칠 때 쓰는 무기였다. (국립중앙박물관)

안악 3호분 병사들의 행진 모습

우리는 이 안악 3호분 벽화에서 고구려 군사들을 만날 수 있다. 군사들은 무기의 특성에 따라 저마다 모습을 달리하고 있다. 허리춤에 화살통을 매달고 활을 든 궁수, 도끼를 든 부월수, 창과 방패를 든 창수, 갑옷으로 중무장한 철갑 기마병들의 모습이 마치 살아 움직이는 듯하다. 광개토대왕의 군사들도 아마 이런 모습을 하고 있었을 것이다. (조선유적유물도감)

치, 나만 갖고 그래.

안악 3호분 수레 탄 남자

고구려 고분 벽화 그림에서는 수레를 자주 볼 수 있다. 수레는 말이 아니라 소가 끌었다. 수많은 병사들의 호위를 받으며 한 남자가 크고 화려한 수레를 타고 있다. 시녀들이 따라가고 있는 이 수레는 여성용 수레다. 당시 수레는 지금의 자동차와 같은 주요한 교통 수단이었다.
(조선유적유물도감)

승리의 함성이 울려 퍼지다

거란을 정벌한 광개토대왕은 거란의 부족장을 끌고 오게 해서 무릎을 꿇어 앉혔다.

"초원의 오랑캐인 너희는 일찍부터 고구려의 북방 국경을 넘나들며 백성들을 괴롭히고 노략질을 일삼아 왔다. 따라서 그 우두머리인 너를 죽여 마땅하나 이번만은 살려 줄 테니 지금처럼 이곳을 다스리되, 그 대가로 고구려를 주인의 나라로 섬기고 조공을 바쳐라. 또한 짐이 군사를 요청하면 즉각 군대를 파견해야 한다."

목숨이 달아날 줄만 알았던 거란의 부족장은 머리를 깊이 조아리며 광개토대왕의 말에 복종하기로 맹세했다.

"조공으로는 무엇을 바치겠느냐?"

그러자 거란 부족장은 광개토대왕을 강으로 이끌고 갔다. 강가에는 하얀 가루가 소복이 쌓여 있었다. 거란 부족장은 하얀 가루를 가져와 광개토대왕한테 내밀었다.

"여봐라, 맛을 보도록 하라."

맛을 본 고구려 군사의 얼굴이 환해졌다.

"폐하, 소금이옵니다."

"하하하. 저 강이 바로 소금강이로구나. 짐은 저 강에서 나는 소금을 가져다 교역을 하여 그 이익을 거란에게도 나눠 주겠다. 이제 이 소금강에서 나는 풍족한 소금으로 고구려의 살림이 더욱더 살찔 것이다. 고구려의 용맹스러운 군사들이여! 이게 다 너희가 공을 세운 덕택이다. 짐은 너희가 자랑스럽도다."

"와아, 광개토대왕 만세! 고구려 만세!"

광개토대왕은 끌고 온 수레에 소금을 가득 싣게 했다. 헤아릴 수 없이 많은 소와 양, 그리고 말도 전리품으로 챙겼다. 고구려 군사들의 얼굴에는 환한 웃음꽃이 피었다.

한편, 고구려 국내성에서는 소금 파동으로 백성들이 말할 수 없는 고통을 겪고 있었다. 음식을 저장하는 데 쓰는 소금은 고사하고 당장에 먹을 소금도 동이 났다. 소금을 먹지 못해 시름시름 앓는 사람들이 하나 둘씩 늘어 갔다.

"이러다 백성들이 다 죽게 생겼네."

"백성들이 죽는 줄도 모르고 왕은 전쟁에만 몰두하고 있으니, 이제 우리는 누굴 믿고 살아야 하나?"

광개토대왕을 원망하는 백성들의 한숨은 날이 갈수록 커져만 갔다. 광개토대왕을 대신해 국내 정사를 책임지고 있는 태대사자가 비상 귀족 회의를 소집했다.

"대대로, 이제 그만 염전을 여시오. 염전을 가지고 있는 다른 대신들도 어서 염전을 다시 여시오."

"아니, 태대사자. 무슨 말을 그리하오? 우리가 일부러 염전을 막기라도 했다는 것이오? 염전에 소금이 동이 나 닫고 있는 것뿐이란 말이오. 이제 우리 대신들의 사유 재산까지 이래라 저래라 할 참이오?"

"지금 백성들이 소금을 못 먹어 시름시름 앓고 있소. 아무리 동이 났다고 해도 염전을 열면 조금이라도 소금을 걷어 낼 수 있을 것이오."

"그리는 못하오."

"광개토대왕이 돌아오시면 내 반드시 그 책임을 물을 것이오. 각오하시오, 대대로."

"지금 협박하시는 거요?"

대대로와 그 측근들이 자리를 박차고 나가 버리는 바람에 회의는 더 이상 진행되지 못했다. 태대사자는 광개토대왕이 자리를 비운 사이 나라를 이 지경으로 만든 자신의 무능함이 한탄스러웠다.

그러던 어느 날.

"대대로, 큰일 났소. 광개토대왕이 돌아오고 있다는 소식이오."

귀족들이 사색이 되어 대대로의 집에 몰려왔다.

"어서 오시라고 하시오. 이제 백성들이 등을 돌렸으니 왕의 자리를 내놓는 건 시간문제요. 오히려 왕의 자리를 내놓으라고 우리가 나서야 할 때요."

"그게 아니오. 거란을 정벌한 광개토대왕은 전리품으로 헤아릴 수 없이 많은 소와 양, 그리고 말뿐만 아니라 수레 가득 소금을 싣고 오고 있소. 백성들한테 줄 선물이라고 하면서 말이오."

"아니, 지금 뭐라고 했소? 그게 사실이오?"

"대대로의 꾐에 넘어간 우리는 이제 다 죽게 생겼소."

"아니 이 사람들이, 지금 누구를 탓하는 거요? 썩 물러가시오."

대대로는 노여움을 참지 못해 귀족들을 내쫓았다.

"지금은 어쩔 수 없이 피한다마는 내 언젠가 반드시 돌아와 이 굴욕을 갚고 말 것이다."

대대로는 식솔들과 함께 집 안에 쌓아 놓은 금은보화를 챙겨 서둘러 달아나 버렸다.

광개토대왕이 국내성으로 돌아온다는 소식은 어느새 백성들한테도 전해졌다.

"왕이 돌아오셨다! 수레 가득 소금을 싣고 우리 광개토대왕이 돌아오셨다!"

"우리 왕이 돌아오셨어! 늠름한 고구려군의 호위를 받으며 국내성으로 광개토대왕이 돌아오셨어!"

　　백성들은 광개토대왕과 고구려 군사들을 환영하러 삼삼오오 거리로 쏟아져 나왔다.
　　"광개토대왕 만세! 무적의 고구려군 만세!"
　　고구려 백성들은 기쁨의 눈물을 흘리며 광개토대왕의 귀환을 진심으로 환영했다.
　　광개토대왕은 대대로와 그 측근 귀족들이 일으킨 소금 파동 때문에

백성들이 겪어야 했던 고통을 태대사자로부터 낱낱이 보고 받았다.
"앞으로 염전은 나라에서 관리할 것이다. 태대사자는 짐이 전리품으로 가져온 소금을 서둘러 백성들한테 나눠 주도록 하라!"
광개토대왕이 돌아오자 드디어 백성들은 고통에서 벗어났다. 거란에서 들어오는 넉넉한 소금으로 백성들의 살림살이는 옛날보다 훨씬 더 부유해졌다.

역사스페셜박물관

내몽고 시라무렌 강가 소금 산지
현재 내몽고 자치구에 있는 시라무렌 강가에는 물 밑바닥에 하얗게 소금이 가라앉아 있는 호수가 여러 군데 있다. 예부터 이 지역은 소금 산지로 널리 알려져 있었다. 바로 광개토대왕이 거란을 정벌하고 얻은 소금강, 염수로 추정되는 곳이다.

덕흥리 고분의 귀족 집
덕흥리 고분 벽화는 귀족 집의 전체 모습을 살펴볼 수 있다. 귀족들은 비단 옷을 입고 여러 시종들을 거느리고 살았다. 이 귀족의 집에는 말과 소가 있는 마구간과 외양간, 수레를 넣어 두는 차고, 식량을 넣어 두는 창고도 보인다. 정원에는 연못과 활쏘기를 할 수 있는 시설이 갖춰져 있다. 고구려 귀족들은 농업뿐 아니라 당시 활발했던 상업과 교역을 바탕으로 경제 기반을 넓혔다.
(조선유적유물도감)

만리장성을 넘어

전쟁은 이어졌다. 당시 북방의 강자가 고구려라면 백제는 한반도 남부에서 강자로 군림하고 있었다. 백제는 밖으로 왜와 중국 동해안으로 진출해 해외 교역권을 장악하고 있었다. 해외 교역의 교두보는 황해도와 경기도 일대의 바닷가였다. 이곳은 고구려와 접하고 있는 지역이어서 백제뿐 아니라 고구려로서도 중요한 해양 교통 요지였다. 이곳을 완전히 확보하기 위한 두 나라의 분쟁은 오래전부터 있어 왔다.

광개토대왕의 할아버지인 고국원왕과 백제의 근초고왕은 수차례 치열한 전투를 벌였다. 백제의 근초고왕이 군사 3만을 이끌고 평양성까지 쳐들어오자, 고구려의 고국원왕도 손수 군사를 이끌고 평양성까지 달려와 맞섰지만 백제군의 화살에 맞아 죽었다. 백제의 완벽한 승리였다. 고구려로선 참을 수 없는 치욕이었다.

열여덟 살에 왕위에 오른 광개토대왕은 즉위하자마자 고국원왕 때

빼앗겼던 영토를 되찾은 것은 물론, 백제가 차지하고 있던 황해도와 경기도 일대의 해양 교통 요지마저 모두 공략하여 집어삼켰다. 그 뒤, 백제가 여러 차례 반격을 시도했지만 광개토대왕이 이끄는 막강한 고구려군에 번번이 패퇴했다. 백제는 자신들의 생명줄과 같은 황해도와 경기도 일대의 해양 요충지를 되찾으려고 끊임없이 고구려를 습격해 왔다. 후연과 결전을 앞둔 고구려에 백제는 크나큰 장애물이었다.

"무엇이라? 백제가 또 남쪽 땅을 공격했다고! 이런 괘씸한 놈들이 있나. 이번에야말로 본때를 보여 주고 말겠다."

백제를 치려는 고구려군의 진격로는 크게 두 갈래였다. 고구려의 주력군인 철갑 기병은 태대형의 지휘 아래 육로로 진격하고, 광개토대왕은 수군을 이끌고 백제의 수도로 기습 상륙하는 것이었다.
 백제는 육로로 밀고 내려오는 고구려군을 막아 내려고 전방 쪽에 백제군의 전력을 투입했다. 광개토대왕은 이때를 노렸다. 한 척에 백 명이 넘는 군사를 실은 고구려의 군함 수백 척이 백제의 후방인 한강 이남에 기습 상륙했다. 고구려 수군의 출현에 백제의 수군도 맞서 보긴 했지만, 주력군들이 전방에 나가 있는 상황이라 속수무책 당할 수밖에 없었다.

여세를 몰아 광개토대왕은 백제의 도성인 한성으로 진격했다. 마침내 도성 문이 열리고, 백제의 아신왕은 광개토대왕 앞에 무릎을 꿇었다.

광개토대왕은 아신왕을 죽이지 않고 살려 백제를 고구려의 속국으로 삼았다. 그것은 백제의 영토를 완전히 지배하는 것보다 고구려에 복종하는 신하의 나라로 만드는 것이 더 유리하다고 판단했기 때문이다.

이제 남은 것은 고구려의 최대 라이벌인 후연과의 결전이었다. 후연과 고구려는 오랜 원한 관계였다. 후연이라 불리기 전인 연나라의 왕 모용황은 중원을 차지한 뒤 지금의 베이징과 가까운 용성에 도읍을 정하고는 4만 군사를 이끌고 고구려를 급습했다.

당시 고구려의 왕은 광개토대왕의 할아버지인 고국원왕이었다. 고국원왕은 다급하게 피신했지만 고구려의 수도는 참혹하게 짓밟혔다. 게다가 연나라 군대는 광개토대왕의 증조 할아버지인 미천왕의 무덤을 파헤치고 시신까지 가져가는 만행을 저질렀다. 중원의 최강자로 떠오른 뒤 연나라는 이름을 후연으로 바꿨다.

숙명의 맞수인 후연 정벌 없이는 어떠한 평화도 있을 수 없었다. 광개토대왕이 일생일대의 과업으로 삼은 것은 후연과의 오랜 원한 관계를 정리하는 일이었다.

한편, 고구려에서 도망친 대대로는 후연 왕의 측근으로 자리 잡았다. 후연은 고구려가 백제와 마지막 전쟁에 대군을 투입한 틈을 타, 고구려 북방을 기습 공격하여 북방 방어성 둘을 점령하고 오천이 넘는 고구려 백성들을 후연으로 끌고 갔다.

"하하하. 역시 대대로의 말대로 고구려 군사들이 맥을 못 추는군. 이번에는 고작 성 둘을 무너뜨리는 데 그쳤지만, 다음번엔 고구려를 완전히 쓸어 버리고 말겠다."

"폐하, 고구려를 공략하려면 지금이 가장 좋습니다. 어찌 총공격을 감행하지 않으십니까?"

"그것보다 더 중요한 일이 있다. 짐의 위용에 걸맞은 궁궐을 새로 지을 것이다."

"폐하, 그러다간 고구려가 공격해 올 것입니다. 고구려를 무너뜨린 다음에 궁궐을 지어도 늦지 않습니다."

"뭣이? 지금 짐에게 훈계를 하는 것이냐. 시끄럽다. 그만 물러가라!"

당시 후연의 왕인 모용희는 시도 때도 없이 대규모 토목 공사를 일으켜 백성들을 혹사시키는 폭군 중의 폭군이었다. 대대로는 구차한 생명을 연명하려고 그의 앞잡이 노릇을 하고 있는 자신의 처지가 한없이 처량했다.

백제를 쳐서 후방의 안전을 다진 광개토대왕은 드디어 후연 공략에 나섰다. 광개토대왕의 나이 스물아홉 살 때였다. 광개토대왕은 대군을 이끌고 후연의 요새들을 쉴 새 없이 공략했다.

"끊임없이 이어지는 고구려의 공격에 정신을 차릴 수가 없구나. 혹시 대대로 네 놈이 고구려로 정보를 빼돌리고 있는 것이 아니냐?"

고구려의 대반격이 시작된 뒤로 대대로는 모용희의 닦달에 하루도 편한 날이 없었다.

"폐하, 군사를 일으켜 정면 승부를 거시옵소서. 고구려의 수도를 방어하고 있는 요동성만 손아귀에 넣으신다면 고구려는 더 이상 맥을 못 출 것입니다."

"요동성이라. 그래, 짐의 선왕도 요동성을 공략한 뒤 고구려의 수도로 손쉽게 진격했다. 짐이 깜박 그 사실을 잊고 있었구나. 좋다. 요동성을 공략할 것이다. 군사를 일으켜라. 이번에는 짐이 몸소 나서리라."

모용희가 대군을 이끌고 요동성으로 진격하고 있다는 정보를 미리 입수한 광개토대왕은 기발한 전술을 펼쳤다. 요동성 밖에 사는 고구려 백성들한테 살림살이를 모두 챙겨 요동성 안으로 피신하라고 한 뒤 요동

성 밖은 깨끗하게 비워 두었다. 그런 다음 요동성을 에워싼 들판을 모두 태워 적들이 식량이라고는 한 톨도 못 얻게 하는, 이른바 청야 전술을 폈던 것이다. 후연 왕 모용희는 그것도 모른 채 대군을 이끌고 요동성 앞까지 진격했다.

"여봐라, 이게 대체 어찌 된 일이냐? 마을마다 사람은 물론 개미 새끼 한 마리 구경할 수 없으니 고구려 백성들은 다들 어디로 감쪽같이 사라졌단 말이냐?"

"폐하, 들판도 다 태워 버려 곡식 한 톨 남아 있지 않습니다. 우리가 진격하는 것을 미리 알고 백성들을 모두 요동성에 피신시킨 듯합니다."

"흥, 아무리 고구려의 요동성이 철옹성이라고 해도 짐의 군대를 당할 수는 없을 것이다. 군사를 요동성으로 모아라."

하지만 요동성 공략은 쉽지 않았다. 시간이 흐를수록 가져온 군량미도 바닥이 나 결국 퇴각할 수밖에 없었다.

"이 먼 길까지 와서 제대로 싸워 보지도 못하고 가야 하다니, 분하다."

광개토대왕은 고구려군을 이끌고 퇴각하는 후연군을 쫓아 만리장성을 넘어 단숨에 후연의 도읍지인 용성으로 진격했다.

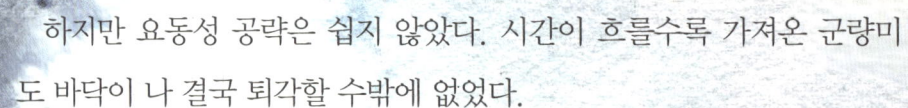

광개토대왕은 속국인 거란군과 연합 작전을 펼쳐 후연군을 압박했다. 광개토대왕의 뛰어난 전술에 휘말린 후연 왕 모용희는 갈 길을 잃은 채 몇 천릿길을 도망 다니다 결국은 죽고 말았다. 모용희의 소식을 전해 들은 대대로도 스스로 목숨을 끊었다.

광개토대왕은 마침내 후연을 멸망시키고 만리장성 너머 중원 깊숙한 곳까지 대제국 고구려의 이름을 새겨 놓은 것이다.

역사스페셜박물관

내 땅들 잘 있나?

만리장성

만리장성은 중국 역대 왕조가 변경을 방위하려고 쌓은 대성벽이다. 총 길이가 무려 6천 킬로미터에 달하는 만리장성은 인류 최대의 토목 공사로 일컬어진다. 광개토대왕은 이 거대한 만리장성을 넘어 중국의 심장부인 베이징까지 그 세력을 넓혔다.

(시몽포토에이전시)

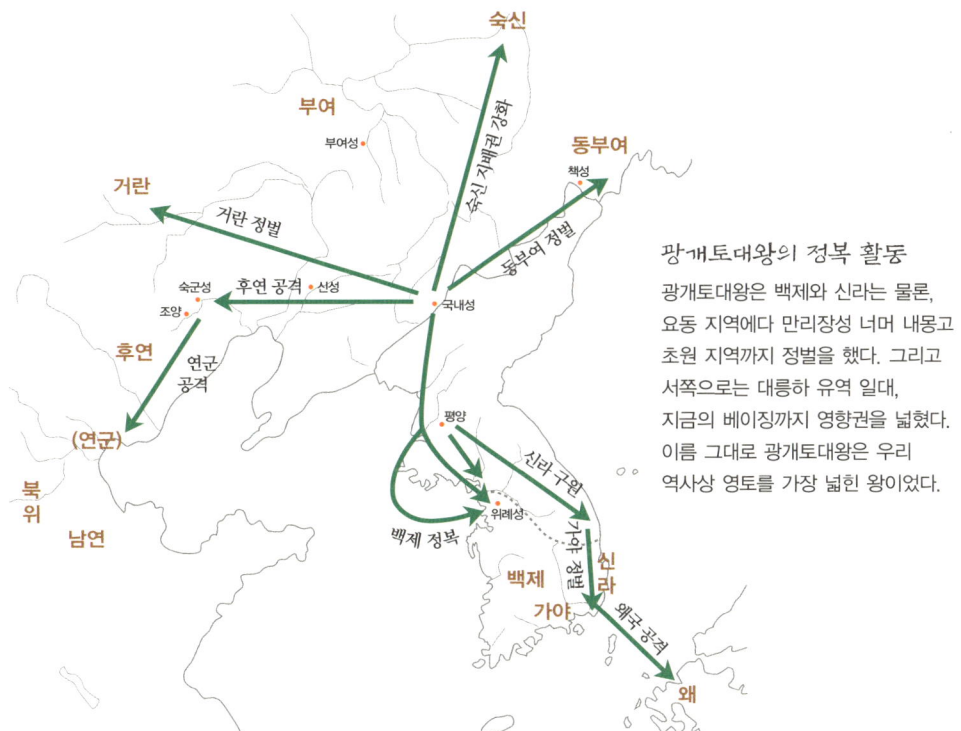

광개토대왕의 정복 활동

광개토대왕은 백제와 신라는 물론, 요동 지역에다 만리장성 너머 내몽고 초원 지역까지 정벌을 했다. 그리고 서쪽으로는 대릉하 유역 일대, 지금의 베이징까지 영향권을 넓혔다. 이름 그대로 광개토대왕은 우리 역사상 영토를 가장 넓힌 왕이었다.

한판 승부

숱한 난관과 시련에도 굴하지 않고 고구려를 천하의 중심에 서게 한 광개토대왕은 참으로 위대한 영웅이었다. 그런데 난 승재의 놀림에 단 한 번도 당당히 맞서지 못했으니, 정말 부끄럽기 그지없다. 내일은 당당하게 승재를 만나 필통을 되찾고야 말겠다.

"윤승재! 너, 나 좀 보자."

다음 날 나는 승재 앞에 당당하게 나섰다. 나의 갑작스러운 행동에 승재도, 다른 친구들도 매우 놀란 표정이었다.

"어쭈, 비실이 아냐? 세상에 별일이 다 있네, 비실이가 나한테 볼일도 다 있고."

"너한테 이기면 내 필통 돌려준다고 했지?"

"그랬다. 왜?"

"그럼, 나랑 팔씨름해."

"뭐, 팔씨름? 얘들아, 너희 다 들었지? 비실이가 나한테 팔씨름하쟤. 하하하."

사실 겉보기와는 달리 팔씨름이라면 난 웬만큼 자신이 있었다. 그동안 학원에서나 우리 동네에서 여러 번 팔씨름을 한 적이 있었는데, 아직까지 내 또래들한테는 져 본 적이 없었다.

"정정당당하게 팔씨름해서 내가 이기면 내 필통 돌려줘."

"푸하하하. 팔씨름으로 날 이기겠다고? 그래, 좋다. 네가 날 이기면 네 필통은 물론 내 필통까지 다 줄게."

 승재와 나의 한판 승부를 보려고 친구들이 우르르 모여들었다. 윤아도 나를 응원하러 왔다. 드디어 팔씨름이 시작됐으나 좀처럼 승부가 나지 않았다. 나는 젖 먹던 힘까지 다 내어 악착같이 버텨 승재를 꺾고야 말았다. 아무도 예상하지 못한 일이다.
 "우아, 한별이가 이겼다. 이겼어."
 친구들은 놀라서 입을 다물지 못했다. 나는 윤아를 보고 씩 웃어 주었다. 뛸 듯이 좋아하는 윤아를 보니 더욱 기분이 좋았다.
 "자, 약속대로 필통 돌려줘."
 승재는 마지못해 필통을 돌려줬다. 그리고 자기 필통도 내게 주려고 했다.
 "됐어. 난 내 필통만 있으면 돼. 그리고 앞으로 우리 사이좋게 지내자."
 윤아도 거들었다.
 "그래, 승재야. 한별이랑 친하게 지내. 그리고 나랑도."
 승재는 그 자리에서 바로 대답은 안 했지만 왠지 우리 셋은 좋은 친구가 될 것 같은 예감이 들었다.
 전장을 누비며 드넓은 대륙을 호령했던 광개토대왕! 비록 적의 침략을 막고 영토를 넓혀야 하는 전쟁을 할 수밖에 없던 시대를 살았지만, 신하와 백성을 아끼고 전쟁에서 패한 적들한테까지 온정을 베풀 줄 아는 광개토대왕! 한별은 그런 광개토대왕한테 부끄럽지 않기 위해서라도 언제나 당당한 사람이 되려고 노력할 것을 다짐했다.

고구려 비밀의 문, 광개토대왕비

고구려의 19대 왕인 광개토대왕은 우리 역사상 영토를 가장 크게 넓힌 왕입니다. 광개토대왕은 18세에 왕위에 올라 39세에 세상을 떠나기까지 20여 년 동안 끊임없이 여러 나라를 정복해 나간 정복 군주였습니다.

광개토대왕의 거침없는 정복 활동으로 고구려 영토가 아주 광활했다는 사실은 익히 알려져 있지만, 정작 그 영토가 어디까지였는지는 제대로 밝혀지지 않았습니다. 그러다 120여 년 전 귀한 유물 하나가 발굴됨으로써 우리는 광개토대왕이 차지한 영토가 얼마나 되었는지 짐작할 수 있게 되었습니다. 그 귀한 유물은 바로 광개토대왕비입니다.

광개토대왕비는 우리 역사상 가장 큰 비석으로 높이가 자그마치 6미터 39센티미터에 이르는데, 아파트 3층 높이라고 생각하면 됩니다. 고구려의 도읍지였던 중국의 국내성에 자리하고 있는 광개토대왕비. 중국에서는 광개토대왕비를 '왕 중 왕' 이란 뜻에서 호태왕비라고 부릅니다. 최근 고구려를 자신들의 역사로 만들려는 작업을 하고 있는 중국 정부는 광개토대왕비를 엄격하게 관리하며 관람을 허용하고 있습니다.

광개토대왕비에는 모두 1775 글자가 새겨져 있습니다. 크게 세 부분으로 나뉘어 있는데, 첫머리엔 고구려의 건국 신화를, 그다음엔 광개토대왕의 정복 전쟁을, 마지막엔 광개토대왕의 묘를 누가 어떻게 관리할 것인가 기록하고 있습니다. 광개토대왕 비문에 새겨져 있는 기록은 현재 전하는 우리 역사 기록 가운데 가장 오래된 것입니다. 우리나라에서 가장 오래된 역사책인 《삼국사기》보다 자그마치 7백여 년

이나 앞섭니다. 700년 전의 기록을 후대에 적은 《삼국사기》와 달리 광개토대왕 비문에 적힌 기록은 당대의 고구려 사람들이 몸소 보고 겪은 일을 기록한 매우 소중한 기록입니다.

  대체로 광개토대왕 때 고구려의 영토는 요동 지방 정도까지로 알려져 있습니다. 하지만 광개토대왕이 호령했던 당시의 고구려 영토는 그 이상이었습니다. 북쪽으로는 지금의 내몽고에서부터 서쪽으로는 중국 베이징까지도 광개토대왕이 지배했습니다. 남쪽에 있는 백제와 신라 또한 고구려의 속국으로 광개토대왕에게 조공을 바치는 신하의 나라였습니다. 아울러 한반도 남쪽에서 강력한 철제 무기로 무장한 철의 나라 가야는 아예 역사 속에서 사라질 뻔했습니다. 이 모든 사실을 우리는 광개토대왕 비문을 보고 알 수 있답니다.

  광개토대왕비에는 광개토대왕이 다스렸던 때를 이렇게 기록하고 있습니다. "나라가 부강하니 백성이 편안했으며 오곡이 풍성하게 익었다."고 말입니다. 천하 으뜸 나라를 건설한 광개토대왕. 그가 다스렸던 고구려는 동아시아의 중심이었습니다. 광개토대왕은 광활한 영토와 막강한 군사력, 그리고 신하의 나라에서 거둬들인 조공과 활발하게 국제 교역을 하여 쌓은 경제력으로, 백성들의 삶을 편안하게 다스리고자 했던 왕 중의 왕이었습니다.

역사 스페셜 작가들이 쓴 이야기 한국사 6
천하 으뜸 나라를 만든 왕중왕 광개토대왕

글 최향미 | **그림** 김형준

초판 1쇄 펴낸날 2007년 1월 30일 | **초판 13쇄 펴낸날** 2018년 12월 10일
펴낸이 조은희 | **편집장** 한해숙 | **기획·편집** 네사람 | **편집** 최현정
디자인책임 하늘·민 | **디자인** 최성수, 이이환 | **사진진행** 시몽포토에이전시
마케팅 박영준 | **경영지원** 김효순 | **제작** 문성대, 박지훈
펴낸곳 ㈜한솔수북 | **출판 등록** 제 2013-000276호 | **주소** 03996 서울시 마포구 월드컵로 96 영훈빌딩 5층
전화 02-2001-5823(편집), 02-2001-5828(영업) | **전송** 02-2060-0108
전자우편 isoobook@eduhansol.co.kr | **북카페** cafe.naver.com/soobook | **페이스북** www.facebook.com/soobook2
ISBN 978-89-535-3916-7 74910 **ISBN** 978-89-535-3910-5 (세트)

어린이제품안전특별법에 의한 제품 표시
품명 아동 도서 | **사용연령** 만 8세 이상 어린이 제품 | **제조국** 대한민국 | **제조자명** ㈜한솔수북 | **제조년월** 2018년 12월

ⓒ 2007 최향미·네사람·㈜한솔수북

※ 저작권법으로 보호받는 저작물이므로 저작권자의 서면 동의 없이 다른 곳에 옮겨 싣거나 베껴 쓸 수 없으며 전산장치에 저장할 수 없습니다.
※ 값은 뒤표지에 있습니다.

한솔수북의 모든 책은 아이의 눈, 엄마의 마음으로 만듭니다.